T0400493

A Rob, fan número uno de esta serie
(y también de The National*)*

Título original *Il Pecorario*. Publicado por acuerdo
con Debbie Bibo Agency

1.ª edición: octubre, 2023
Av. Aureli Guaita Martorell, 18. 46220 Picassent (Valencia)
www.andana.net / andana@andana.net

Traducción: David Guinart Palomares
Revisión: Leticia Oyola

ISBN: 978-84-19913-01-2
Depósito legal: V-2748-2023

Impreso en España

ILARIA DEMONTI CAMILLA PINTONATO

OVEJARIO

LA ENCICLOPEDIA DEFINITIVA

TODO UN REBAÑO POR DESCUBRIR

¿CÓMO ESTÁ HECHA UNA OVEJA?

LA LECHE Y LA LANA

LA CONVIVENCIA ENTRE SERES HUMANOS Y OVEJAS

LAS RAZAS

OVEJAS QUE CUENTAN

Sin las ovejas, nuestra vida no sería la misma. Le debemos mucho a este animal sociable y dócil que durante milenios nos ha alimentado con su leche y su queso, nos ha dado calor con su lana, lo que nos ha permitido sobrevivir en los entornos más fríos, y nos ha acompañado hasta cada rincón del planeta.

Si hoy quisiéramos contar realmente TODAS las ovejas del mundo antes de dormirnos, deberíamos llegar hasta los mil doscientos millones: existe una oveja por cada seis personas aproximadamente.

El éxito de la oveja tiene un origen muy remoto. Junto con la cabra, fue el primer herbívoro en ser domesticado, lo que permitió al ser humano desarrollar un estilo de vida sedentario y, posteriormente, poner en marcha el floreciente comercio de la lana.

Poseer ovejas ha sido siempre un signo de bienestar, razón por la cual religiones y culturas diversas han celebrado a este animal otorgándole un importante significado simbólico.

LOS PAPELES, POR FAVOR

Las ovejas no son todas iguales: las hay de todos los tipos, medidas y colores. Hay ovejas de pelo largo, medio o corto; ovejas con mucha lana o sin ella, y ovejas que la pierden sin ser esquiladas. Su hocico puede ser negro, blanco o rojo; pueden tener hasta seis cuernos o no tener en absoluto, tener cola o no. Y, sin embargo, todas pertenecen a un único gran rebaño que ha conquistado el mundo entero.

LA OVEJA

HOCICO	Puede ser negro, blanco o rojo.
CUERNOS	Puede tener entre 0 y 6.
COLA	A veces presente, a veces no.
PELO	Variable en color y longitud.

PEZUÑAS

La oveja es un artiodáctilo: sus extremidades anteriores se apoyan en la punta de los dos dedos centrales, que dejan huellas fáciles de reconocer.

HERBÍVORO	Es un animal herbívoro, es decir, se alimenta solo de hierbas, y es un rumiante: mastica el alimento de nuevo y hace que vuelva hasta la boca desde el rumen, una de las cuatro partes de un estómago en el que tiene lugar una larga y laboriosa digestión.
BÓVIDO	Junto con otros animales domésticos, tales como el buey, el búfalo o la cabra, forma parte de la familia de los bóvidos, a la cual pertenecen también algunos animales salvajes, como la cabra montés, la gacela o el rebeco.
MAMÍFERO	Las madres dan de mamar a sus crías.

UN DÍA DE OVEJA

¿Quién dijo que era mejor un día de león que cien años de oveja? ¡Porque el día medio de una oveja no está nada mal!

La oveja pasa de media alrededor de un tercio de la jornada pastando: se alimenta sobre todo de la hierba de los prados y, a diferencia de las cabras, no mordisquea los arbustos.

Dado que mientras pasta corre el riesgo de ser atacada por los predadores, la oveja intenta recoger rápidamente la comida para después rumiarla con calma una vez alcanzado el lugar idóneo donde poder agazaparse para tener la situación bajo control. Con mucha calma: de hecho, ¡una oveja pasa casi un tercio de su jornada rumiando!

¿Y el resto del tiempo? ¿Qué mejor ocupación que una buena siesta?

PRIMOS LEJANOS

Las dóciles ovejas que vemos pastar en los prados parecen no tener nada que ver con sus antepasadas salvajes. Para adaptarse a los climas de los nuevos ambientes, y gracias a los cruces llevados a cabo por el ser humano, paulatinamente las ovejas comenzaron a mutar hasta volverse como las conocemos hoy.

Las ovejas salvajes no se esquilan: su piel está cubierta de poca lana, blanda, que pierden con la muda, y de un estrato más exterior de pelo largo e hirsuto llamado *pelo muerto*.

Son por lo general marrones, a menudo con el lomo más oscuro y el vientre más claro, y con la cola más corta.

Los machos tienen grandes cuernos curvados con los que luchan entre sí emprendiéndola a cabezazos para imponer su dominio sobre el grupo. En la mayor parte de las especies también las hembras cuentan con cuernos.

En muchas razas domésticas ni los machos ni las hembras tienen cuernos.

Las patas de las ovejas domésticas son más rechonchas.

Las ovejas domésticas, criadas por su lana, tienen poco pelo muerto y más lana, que no deja nunca de crecer y ha de ser esquilada regularmente. El ser humano cría sobre todo razas con el pelo blanco, más fácil de teñir.

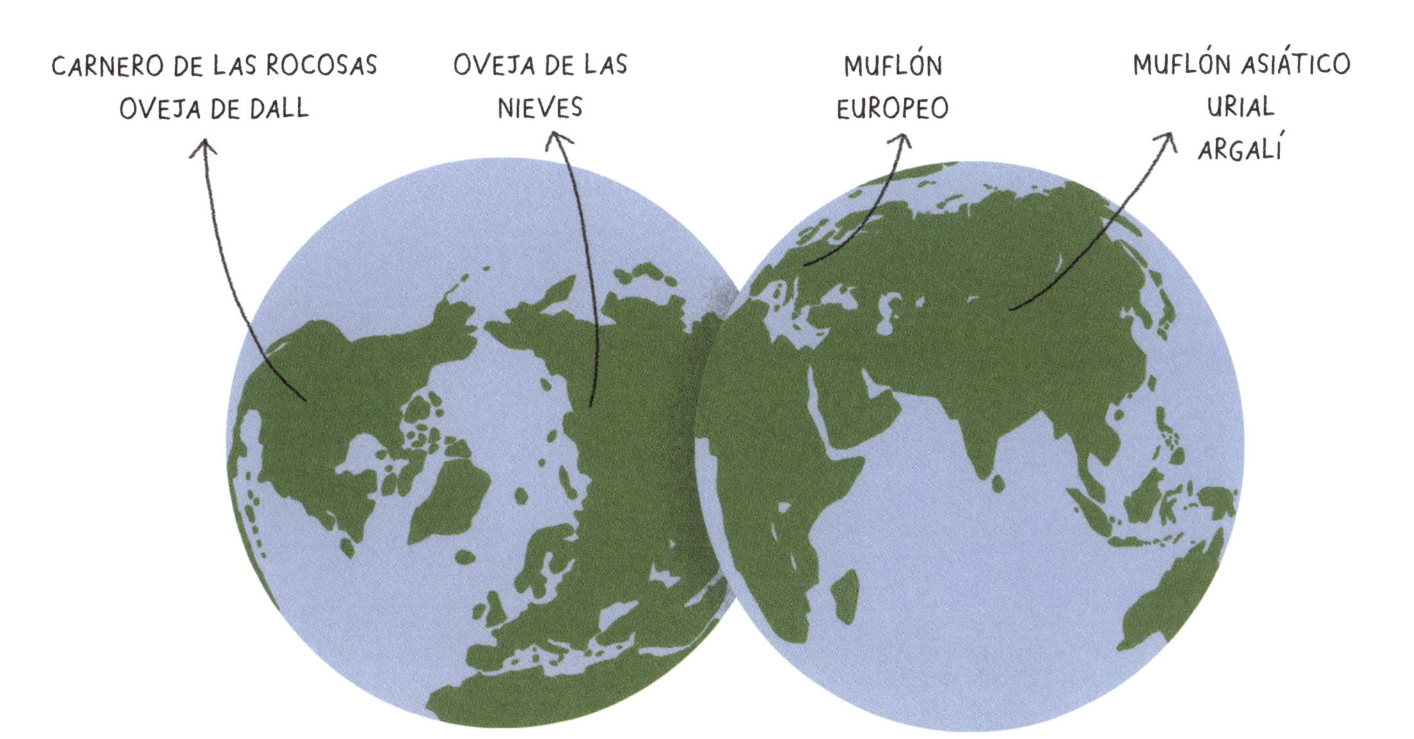

Los antepasados de las ovejas dieron sus primeros pasos a gran altura, en las montañas de Asia central, hace entre diez y veinte millones de años. Durante la última glaciación algunos se desplazaron hacia el este, en dirección a Siberia, e incluso atravesaron el estrecho de Bering, llegando así a América del Norte, donde nunca fueron domesticados: en Siberia, Alaska, norte de Canadá y el oeste norteamericano se pueden encontrar todavía ovejas salvajes que descienden directamente de aquellas aventureras ovejas «pioneras». Los progenitores de la oveja moderna, por el contrario, habrían atravesado Asia en dirección a Europa: es difícil remontarse hasta los orígenes de este intrincado árbol genealógico, pero es muy probable que nuestra oveja doméstica haya evolucionado a partir del tronco del muflón asiático. Algunas descendientes salvajes de las primeras ovejas que llegaron hace miles de años, muy diferentes de las de cría, se encuentran aún hoy en algunos rincones de Europa y Asia.

AMOR A PRIMERA VISTA

La oveja ha estado al lado de la humanidad desde la noche de los tiempos. Si al principio nuestros antepasados cazaban a las ovejas salvajes por su carne, con el paso de los milenios y con el tránsito hacia una vida sedentaria, las cosas cambiaron mucho. Hace alrededor de once mil años, de hecho, en el antiguo Oriente se difundió la agricultura, y probablemente ya dos mil años después se dejaron de cazar animales de rebaño y se empezaron a domesticar y a criar.

CERO RESIDUOS

Hacer pastar a un rebaño en un terreno inculto era el mejor y sobre todo el más cómodo método para volverlo fácilmente cultivable: no solo las ovejas igualaban el prado al arrancar la hierba, sino que lo fertilizaban con sus excrementos. Estos últimos eran además un aislante excelente para revestir las chozas, y todavía hoy algunas comunidades los utilizan como combustible para calentarse y cocinar.

Pronto se comenzó a criar ovejas también por su leche: ¡el trozo de queso más antiguo hallado por los arqueólogos tiene sus buenos 7200 años!

Solo posteriormente el ser humano aprendió a utilizar y a trabajar la lana. No sabemos con certeza a cuándo se remontan los primeros tejidos de lana, pero los vestigios más antiguos conservados hasta hoy tienen más de cinco mil años.

¡TODAS A UNA, FUENTEOVEJUNA!

A las ovejas no les gusta la soledad. Son animales gregarios, es decir, que adoran la compañía, y mansos: por esta razón pueden vivir sin problemas en rebaños muy numerosos, que pueden incluso acoger a ovejas de otras razas o a otros animales, con los que conviven bastante pacíficamente.

LA UNIÓN HACE LA FUERZA

Las ovejas saben que pastando en rebaño, una junto a la otra, tendrán más posibilidades de sobrevivir a los ataques de los eventuales predadores.

¿BEEE?

Las ovejas balan, ya se sabe, pero lo hacen de modo diferente en función de la situación: por ejemplo, una madre que se dirige a su pequeño y un pretendiente que quiere hacerse notar por su amada emiten sonidos muy distintos entre sí. Cuando están nerviosas, incómodas o asustadas, por el contrario, resuellan.

OVEJA
Los machos adultos de la oveja se llaman *carneros* o *moruecos*. Pese a ser animales de carácter muy tranquilo, a veces pueden enfrentarse entre sí para afirmar su papel en el rebaño.
La oveja es una hembra adulta que ha parido al menos una vez.
CARNERO
CORDERITO
Se definen como *corderitos* los machos y las hembras entre la fase de destete y los 3-8 meses de edad.
El lechal es el cordero que no ha cumplido todavía un mes y aún no ha sido destetado.
LECHAL
CORDERO
Los retoños de la oveja se llaman *corderos* hasta la madurez sexual, que por lo general alcanzan antes del primer año de edad.

¡ME HAS ROBADO EL CORAZÓN (Y LA NARIZ)!

Dime a qué hueles y te diré quién eres: gracias al olfato, las ovejas saben reconocer las que pertenecen al mismo rebaño y las que no, establecen la jerarquía entre los machos y lanzan señales de seducción durante el cortejo. Y, obviamente, cada cordero tiene un olor único para su mamá, que sería incapaz de confundirlo con ningún otro.

ME GUSTA CÓMO HUELES

En lo relativo al cortejo, son las hembras las que tienen la sartén por el mango. A partir de los 7 u 8 meses de edad seducen a los carneros con su irresistible olor. Los machos más solicitados, los que se aparean con el mayor número de hembras, son los ejemplares dominantes.

CUESTIÓN DE *FEELING*

Antes del apareamiento, oveja y carnero se persiguen en círculos olfateándose mutuamente. A menudo el macho se hace pis encima, de la emoción, mientras que la hembra se queda inmóvil, girando la cabeza hacia un lado.

EL CARNERO TIENE UN AS EN LA MANGA

Mientras eligen a sus pretendientes, los carneros tienen una expresión no se sabe si halagada, eufórica o atontada: se ríen. Levantan el labio y muestran su sonrisa desdentada mientras alzan la cabeza orgullosos. Se trata del reflejo de Flehmen, común a muchos otros mamíferos y que sirve para captar las feromonas, unas sustancias químicas esenciales para el apareamiento.

A MI VERA

La mamá oveja permanece junto a su pequeño, lo lame para limpiarle los restos de placenta y mantenerlo caliente y le da de mamar como hace cualquier madre con su criatura.

EL EMBARAZO Y EL PARTO

El embarazo de la oveja dura alrededor de cinco meses. La oveja es unípara, es decir, da a luz solo a un retoño cada vez, aunque puede también tener dos o más gemelos. El día del parto busca un rincón apartado del rebaño en el que parir a su corderito con total tranquilidad.

¡FIRMES!

Tras solo diez o veinte minutos de su nacimiento, el cordero es capaz de tenerse sobre las patas y en pocas horas aprende a caminar, correr y saltar. Enseguida busca la teta: la lactancia durante los primeros días de vida es fundamental para el desarrollo del pequeño.

EL CHIQUITÍN SE HACE MAYOR

Unos pocos días después la oveja y el cordero se reúnen con el rebaño, sin nunca separarse el uno del otro. Con el tiempo, el cordero se va aventurando cada vez más lejos, pero siempre al alcance del balido para poder encontrar a su madre en el momento de mamar. Antes de los cuatro meses el cordero aprende a alimentarse por sí mismo y la oveja es ordeñada por el pastor.

TODOS LOS CAMINOS LLEVAN AL PASTO: LA TRASHUMANCIA

Cuando en altitudes bajas el calor se vuelve asfixiante y el sol quema la hierba, el pastor conduce a las ovejas en busca de pastos verdes. Por desgracia, esta migración estacional, llamada *trashumancia*, está desapareciendo actualmente, pero ha sido un fenómeno de gran relevancia difundido por todo el mundo en el que han tomado parte durante siglos una enorme cantidad de animales y personas.

DE AQUÍ PARA ALLÁ

La gran trashumancia sigue el ritmo de las estaciones: los rebaños pasan siete meses en la llanura, de noviembre a mayo, y cinco meses en la montaña, de junio a octubre.

UN VIAJE MILENARIO

El primer testimonio de una cañada, la senda de la trashumancia, se remonta a hace 2600 años. En Italia esta migración, ya reglamentada por los antiguos romanos, recorría toda la zona centro y sur. Las cañadas principales tenían 111 metros de ancho y atravesaban vías más pequeñas (32-38 metros) y brazos (12-18 metros). En las encrucijadas más importantes surgían a menudo mercados de temporada en los que se vendían animales, leche, quesos, lana y también lo necesario para la vida nómada de los pastores.

OVEJAS QUE HAN ABIERTO CAMINOS

La gran trashumancia cubre distancias muy grandes y dura largos períodos. Esta práctica hunde sus raíces en la historia y en la economía de muchas culturas y ha dejado marcas profundas: en España existen aún hasta 125 000 kilómetros de vías pecuarias, caminos que entre los siglos XI y XVII fueron recorridos por cinco millones de ovejas merinas. Todavía hoy, todos los años, numerosos rebaños se dan cita en Madrid: no se trata de una simple reconstrucción histórica, sino de una necesidad, ¡porque los caminos pasan justamente por allí! De hecho, muchos pueblos y ciudades nacieron a lo largo de estas importantes vías de comunicación trazadas por las ovejas.

LA PEQUEÑA TRASHUMANCIA

Aún hoy, en los Alpes se practica la pequeña trashumancia: se repite cada año, de la llanura a las cimas alpinas en primavera y de estas a la llanura en otoño. Tradicionalmente, la esquila tenía lugar antes y después de la trashumancia: la de septiembre era una gran fiesta por el regreso de los pastores a sus pueblos.

A menudo los campesinos no veían con buenos ojos al pastor y a sus animales, porque temían que el paso de los rebaños les estropease los cultivos.

SI ME QUERÉIS, SEGUIDME

Cuando una oveja cualquiera arranca a andar, sea macho o hembra, todas las demás la siguen. Los pastores conocen bien esta costumbre suya y la aprovechan para guiar al rebaño.

LOS CORDEROS

En la actualidad los animales son casi siempre transportados en camión, pero es posible realizar la trashumancia alpina a pie como en los viejos tiempos, y esta puede durar entre diez y veinte días: un camino demasiado largo y difícil para los corderos, a los que a menudo se coloca a lomos de un burro.

EL PASTOR

El de pastor es uno de los oficios más antiguos del mundo. Su trabajo consiste en cuidar y proteger a las ovejas, conducirlas a los pastos, proporcionarles cobijo, ordeñarlas y esquilarlas.

ARGELIA MONGOLIA INDIA

EL PERRO DE PASTOR

Ningún pastor puede prescindir de un perro: hay perros de pastoreo, muy unidos al amo y que lo ayudan a mantener unido el rebaño, además de a recuperar las ovejas que se pierden por el camino; y también perros guardianes, que defienden a toda costa la grey de los predadores.

Antiguamente los pastores eran nómadas. Vivían en tribus que se desplazaban continuamente de un pasto a otro y dependían de sus animales para sobrevivir: una práctica todavía común en el Tíbet, entre los beduinos del desierto en Próximo Oriente y en Mongolia, donde los pastores seminómadas constituyen un cuarto de la población. Hoy en día el pastoreo nómada, que va de prado en prado en busca de hierba fresca, es cada vez más infrecuente.

NEPAL

AFGANISTÁN

ITALIA

UN OFICIO PRESTIGIOSO

Desde la antigüedad, la imagen del pastor goza de un gran prestigio en muchas culturas: el rey de Babilonia Hammurabi se definía como «el pastor que trae la paz» y en las religiones judía, cristiana y musulmana Dios es definido a menudo como «el Buen Pastor».

¡CUIDADO CON EL LOBO!

El carácter dócil de los ovinos hace que sean fáciles de criar, pero al mismo tiempo los vuelve más vulnerables a los ataques de numerosos predadores carnívoros. Cuando están pastando, al no tener cuernos, ni una gran corpulencia como la de las vacas ni la posibilidad de ponerse a salvo en un corral como las gallinas, la única arma de defensa que tienen es permanecer muy juntas en el rebaño... ¡o salir por patas! Sin embargo, con los años el número de predadores se ha ido reduciendo y sus ataques son menos frecuentes que antes.

Además de construir recintos y rediles, una excelente estrategia para proteger a las ovejas consiste en confiarlas a un guardián: el ser humano utiliza al perro pastor para cuidar a los rebaños desde hace milenios. Hoy en día, sin embargo, también se puede recurrir a las llamas, perfectas para mantener a raya a los predadores pequeños, o a los burros, que con sus rebuznos, mordiscos y potentes coces pueden asustar hasta a los lobos.

En los Estados Unidos, el enemigo número uno de las ovejas es el coyote, un pariente lejano del perro y del lobo.

El lobo es, sin lugar a dudas, el enemigo con peor fama de las ovejas: ¿quién no conoce la fábula de Esopo *El pastor mentiroso*?

EL COYOTE

EL LOBO

EL ZORRO

EL LINCE

EL OSO

Por desgracia, también los perros abandonados pueden representar un peligro para las ovejas.

Los ataques de aves rapaces no son frecuentes, dadas sus reducidas dimensiones, pero cuando un águila real sobrevuela el pasto, ¡mejor andarse con ojo!

LOS PERROS VAGABUNDOS

LAS RAPACES

BEEELLAS POR FUERA...

COLA

La cola de las ovejas, por lo general corta y cubierta de pelo, sirve para proteger el ano y los genitales, para espantar las moscas e incluso para comunicarse. Algunas razas de países más cálidos acumulan reservas de grasa en esta parte del cuerpo, en las nalgas y en las ancas.

PELO

La característica principal de la oveja doméstica es el pelo, es decir, el pelaje, formado por la lana (pelos finos y ondulados) y el llamado *pelo muerto* (pelo más grueso, hirsuto y ralo). Este último está todavía presente en algunas especies y casi ha desaparecido en otras. El pelo ha de ser esquilado con regularidad, porque nunca deja de crecer. Lo sabe bien Chris, un desventurado carnero merino australiano, que se transformó en una gigantesca bola de lana tras haber perdido a su rebaño. Cuando por fin lo encontraron cinco años después, su esquila fue de *Libro Guinness de los récords*: ¡pesaba más de 40 kilos!

PEZUÑAS

Cuando la levantan y las pezuñas no tocan el suelo, la oveja instintivamente se queda inmóvil. Los pastores conocen bien este comportamiento y lo aprovechan en el momento de la esquila: ¡poniendo a las ovejas boca arriba pueden esquilarlas con total comodidad!

OREJAS

Las ovejas están siempre alerta y listas para captar las más mínimas señales de peligro. Es por ello por lo que tienen un excelente oído y pueden incluso orientar las orejas en la dirección del sonido para oír mejor.

OJOS

Pillar por sorpresa a una oveja es prácticamente imposible. El mérito es de la supervista monocular a la que no se escapa (casi) nada: sus ojos pueden mirar al mismo tiempo a los dos lados, cubriendo un ángulo que va de los 270 a los 340°. Y también de las pupilas rectangulares, que le permiten tener una vista panorámica, ¡ideal para defenderse de los predadores!

... Y BEEELLAS POR DENTRO

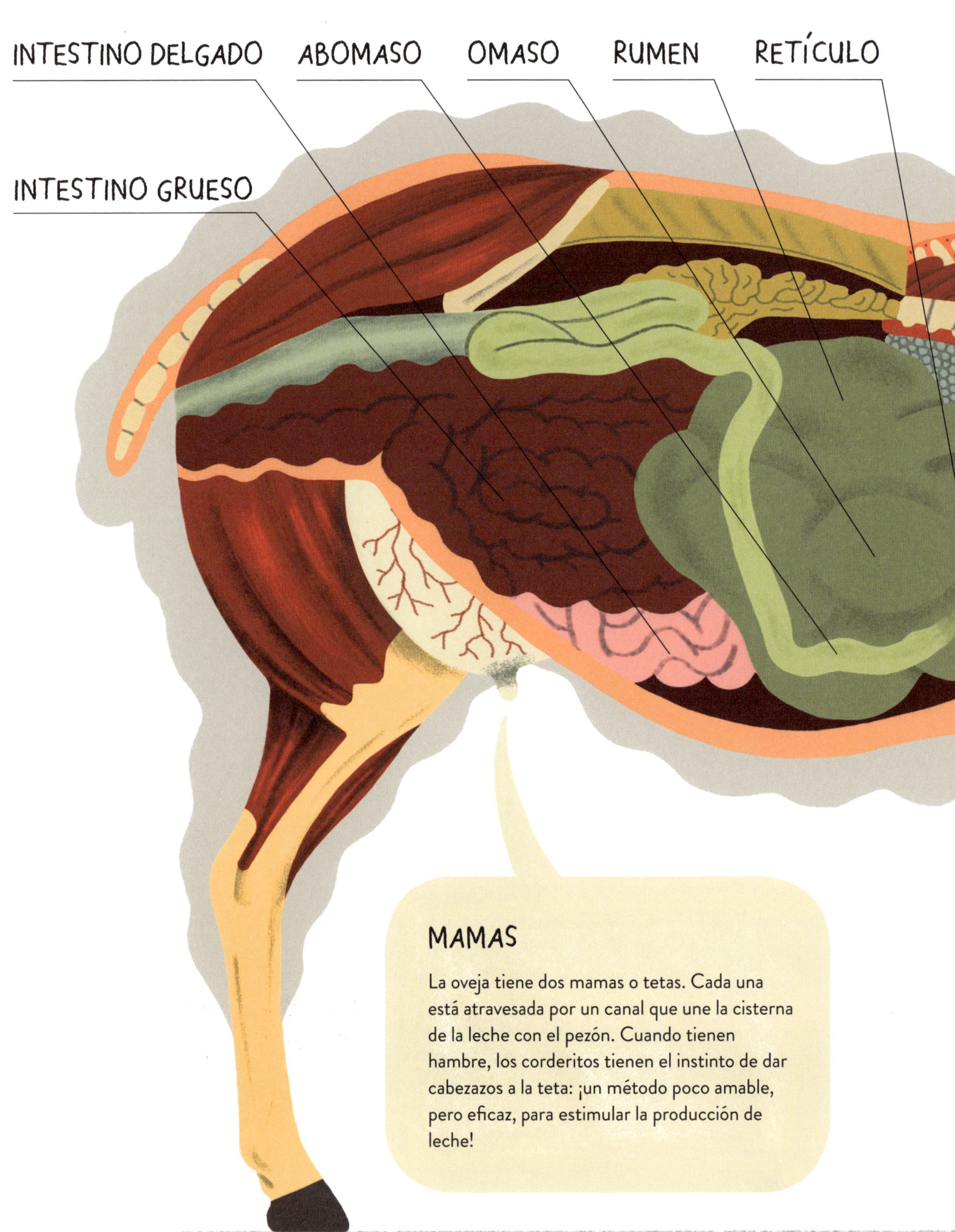

MAMAS

La oveja tiene dos mamas o tetas. Cada una está atravesada por un canal que une la cisterna de la leche con el pezón. Cuando tienen hambre, los corderitos tienen el instinto de dar cabezazos a la teta: ¡un método poco amable, pero eficaz, para estimular la producción de leche!

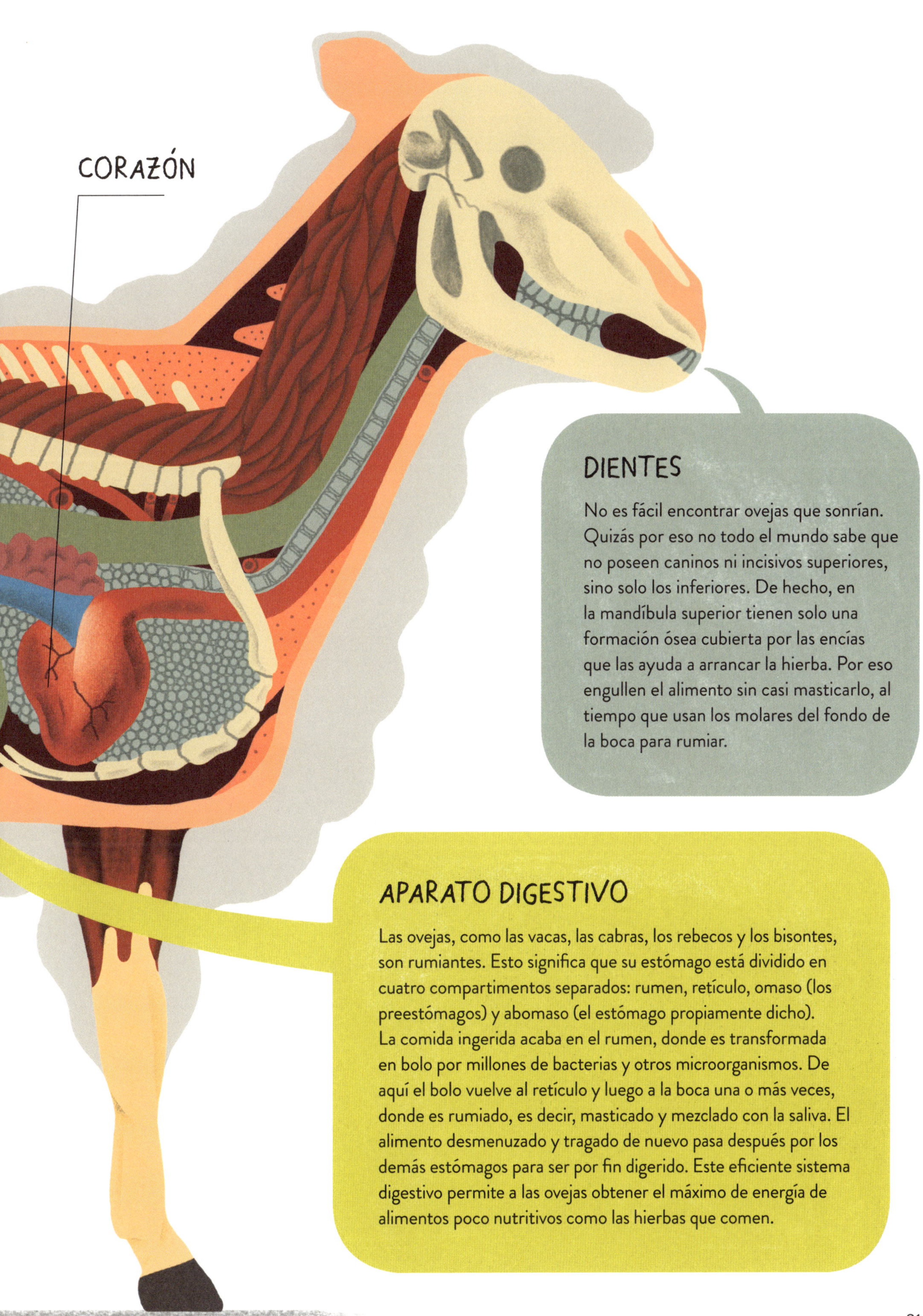

DIENTES

No es fácil encontrar ovejas que sonrían. Quizás por eso no todo el mundo sabe que no poseen caninos ni incisivos superiores, sino solo los inferiores. De hecho, en la mandíbula superior tienen solo una formación ósea cubierta por las encías que las ayuda a arrancar la hierba. Por eso engullen el alimento sin casi masticarlo, al tiempo que usan los molares del fondo de la boca para rumiar.

APARATO DIGESTIVO

Las ovejas, como las vacas, las cabras, los rebecos y los bisontes, son rumiantes. Esto significa que su estómago está dividido en cuatro compartimentos separados: rumen, retículo, omaso (los preestómagos) y abomaso (el estómago propiamente dicho). La comida ingerida acaba en el rumen, donde es transformada en bolo por millones de bacterias y otros microorganismos. De aquí el bolo vuelve al retículo y luego a la boca una o más veces, donde es rumiado, es decir, masticado y mezclado con la saliva. El alimento desmenuzado y tragado de nuevo pasa después por los demás estómagos para ser por fin digerido. Este eficiente sistema digestivo permite a las ovejas obtener el máximo de energía de alimentos poco nutritivos como las hierbas que comen.

¿CUÁNTO MIDE UNA OVEJA?

Existen ovejas de todos los tamaños: la más grande es la oveja salvaje argalí, mientras que entre las domésticas el carnero suffolk Stratford Whisper H23 entró en el *Guinness de los récords*, superando a la lincoln, de tamaño generalmente muy grande. La más pequeña, la francesa de Ouessant, mide más o menos lo mismo que un caniche.

MEMORIA DE OVEJA

¿Quién dijo que las ovejas no tenían cerebro? Su comportamiento gregario y manso podría hacer pensar que no son animales inteligentes, pero numerosos experimentos han demostrado lo contrario.

¿QUIÉN ES QUIÉN?

Las ovejas son buenas fisonomistas, es decir, tienen una excelente memoria para las caras: si se les muestran cincuenta hocicos de oveja diferentes, consiguen recordarlos todos, ¡incluso después de dos años!

Y no solo eso: son capaces de distinguir una cara sonriente de una enfadada. ¿Cómo se ha descubierto? Fácil: pegando dos imágenes en sendas puertas que tenían que atravesar para tomar un tentempié. Las ovejas elegían siempre la puerta con la cara contenta.

Son capaces de orientarse en un laberinto, y aprenden y memorizan rápidamente el recorrido más rápido para reunirse con el resto del rebaño, que las espera a la salida.

La necesidad agudiza el ingenio: para sortear los obstáculos que les impedían moverse con libertad por el pueblo, algunas ovejas inglesas aprendieron a rodar para superar las barreras horizontales sobre las que no podían caminar por culpa de las pezuñas. ¡Una operación militar en toda regla!

¡NUNCA LE DES LA ESPALDA A UN CARNERO!

Para adjudicarse el derecho a la reproducción, los carneros pelean cabeza contra cabeza lanzándose potentes cornadas. Los machos de la oveja salvaje bighorn pueden llegar a luchar hasta 24 horas. Estos animales tienen cuernos macizos que pesan 14 kilos y un cráneo reforzado unido a la columna vertebral por un ligamento muy compacto. ¡Auténticos cabezotas!

Incluso los machos que parecen más inofensivos pueden cornear a traición: por eso no hay que confiarse nunca ni darles la espalda.

CUERNOS PARA TODOS LOS GUSTOS

Mientras que las ovejas salvajes pueden lucir cuernos imponentes por motivos de defensa o de competición, las domésticas no siempre disponen de ellos. Según las razas, tanto los machos como las hembras pueden tener cuernos o no tenerlos; otras veces, en cambio, son una característica distintiva de los carneros. Los cuernos de los machos son por regla general más grandes que los de las hembras, y varían en forma y número.

CUESTIONES DE ESTILO

La mayor parte de las ovejas domésticas carece de cuernos, pero hay varias excepciones que confirman la regla: la oveja jacob, por ejemplo, ¡puede tener hasta cuatro o seis cuernos!

1. Carnero con cuernos curvos
2. Oveja hembra con cuernos
3. Carnero con cuernos en espiral
4. Cuernos no desarrollados del todo
5. Oveja jacob con cuatro cuernos

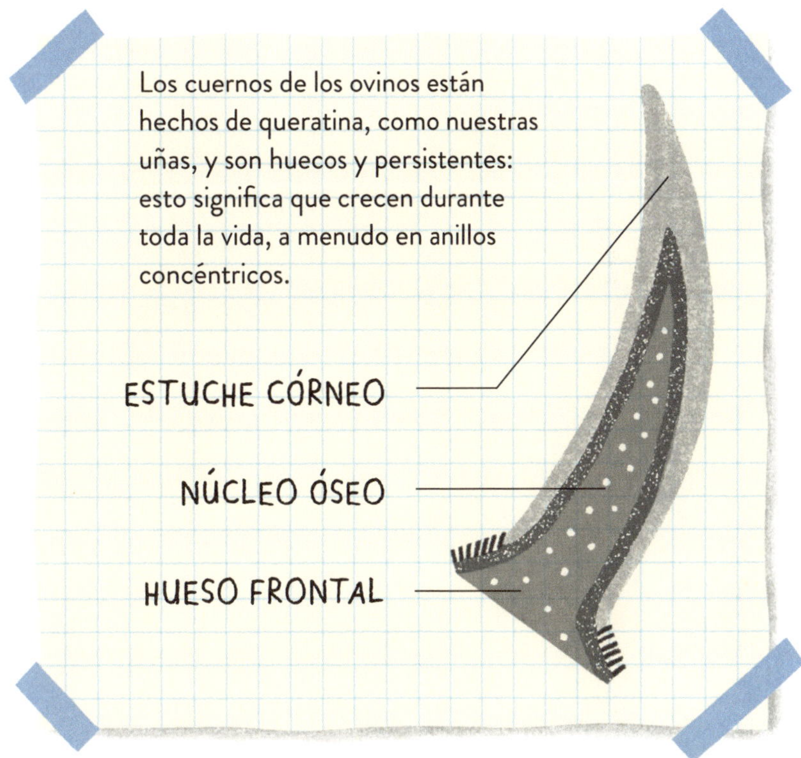

DIGA TREINTA Y BEEE

Para mantener la buena salud de un rebaño, es importante proporcionar a los animales una alimentación sana, poner a su disposición los espacios adecuados, preocuparse de su higiene y tratar sus enfermedades con la ayuda de un veterinario. He aquí algunas de las patologías más comunes entre los ovinos:

EQUINOCOCOSIS

La causante de esta enfermedad es la tenia *Echinococcus*, un parásito muy peligroso para distintos mamíferos, incluido el ser humano.

SARNA

Se manifiesta cuando los ácaros «excavadores» colonizan la piel del animal en superficie o excavando galerías, lo que provoca un molesto picor y la pérdida de la lana.

DOCTOR BEEE

No siempre hace falta llamar al veterinario: de hecho, se ha descubierto que las ovejas pueden curarse solas. Durante un experimento algunos corderos aprendieron a elegir por sí mismos los alimentos que les curan las intoxicaciones leves tras haber sido tratados una primera vez por un ser humano. No está nada mal para un animal considerado estúpido.

PEDERO

También llamada *pietín*, es una enfermedad que afecta a la pezuña de los ovinos y les hace cojear.

MASTITIS

Esta enfermedad, muy común, afecta a la ubre de la oveja, que se vuelve caliente, de un color entre rojizo y azulado, y le duele. Si se diagnostica a tiempo, se puede curar fácilmente.

¿ESTOY VIENDO DOBLE?

Una de las ovejas más famosas del mundo se llama Dolly, el primer mamífero clonado a partir de una célula adulta. Esto significa que Dolly era una auténtica fotocopia de otra oveja con la cual compartía una herencia genética idéntica en lugar de solo la mitad como sucede en la reproducción natural. Nacida en 1996 en un laboratorio cerca de Edimburgo después de nada menos que 276 intentos fallidos, Dolly demostró que los animales pueden ser clonados a partir de una célula cualquiera y no solo de células madre embrionarias, un descubrimiento que suscitó un enorme debate ético: ¿es lícito clonar un animal? ¿La clonación de una oveja es el primer paso hacia la clonación humana? ¿Cuáles son los límites de la ciencia?

LA LECHE DE OVEJA

Todos los mamíferos alimentan a sus recién nacidos con su propia leche, un alimento excepcional compuesto por nutrientes fundamentales para el crecimiento. Pero el ser humano puede continuar tomando leche de otros animales también de adulto. Aun estando compuesta principalmente por agua, un vaso de leche es mucho más nutritivo que un plato de pasta: contiene menos calorías, pero es riquísimo en vitaminas y sales minerales.

EL AROMA

El fuerte aroma de la leche de oveja depende de las hierbas ingeridas: los sabores y los olores pasan a la leche, lo que la hace distinta en cada región.

EN EL ESTANTE

Si bien la leche de vaca reina en los supermercados y en la mesa, el primer animal que fue ordeñado fue en realidad la oveja. Además, en el mundo existen muchos otros tipos de leche: de cabra, de burra, de búfala, de camella...

OVEJAS DE LECHE

Se puede ordeñar a todas las ovejas, pero algunas especies producen mucha más leche que otras, por lo que son seleccionadas y criadas precisamente para ello. La raza que da más leche en términos absolutos –casi el doble que las demás– es la frisona, con una media de 2,3 kg de leche al día y puede producir 500 kg de leche por lactancia, es decir, el periodo durante el cual se ordeña al animal.

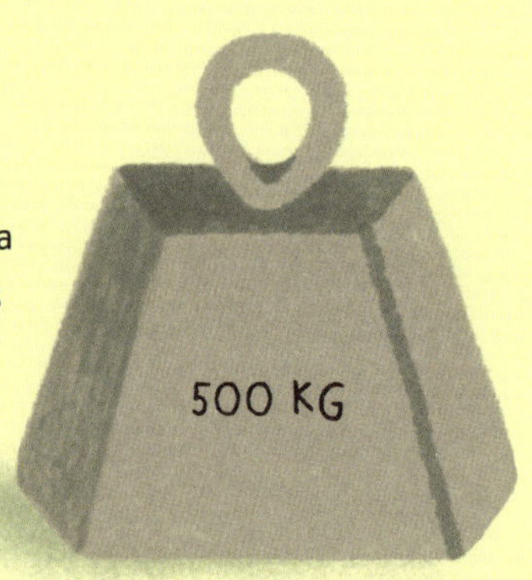

¿DE QUÉ SE COMPONE UN VASO DE LECHE DE OVEJA?

VITAMINAS Y MINERALES: 1 %

En comparación con otros tipos de leche, la de oveja contiene más vitaminas A, B, C, D y E, además de calcio, potasio, fósforo y magnesio.

AGUA: 81 % APROX.

GRASAS: 7 % APROX. PROTEÍNAS: 6 % APROX.

La leche de oveja es mucho más rica en grasas y proteínas que la leche de otros animales: por esta razón no es fácil beberse un vaso y cunde mucho más en la producción de queso.

LACTOSA: MÁS DEL 5 %

La lactosa se digiere gracias a una enzima que algunas personas dejan de producir al crecer: por este motivo no todo el mundo puede consumir leche de origen animal.

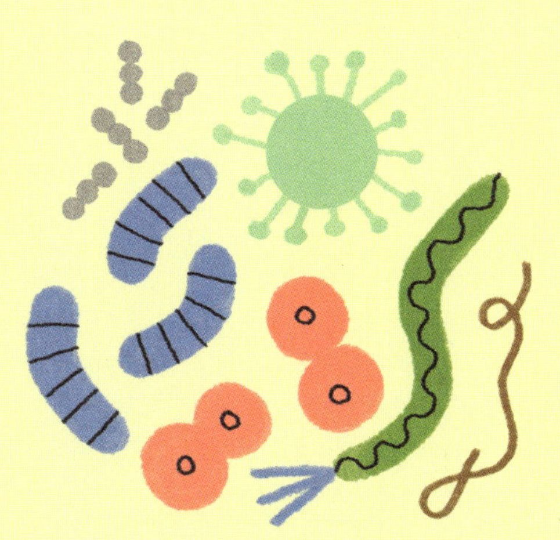

MEJOR, PASTEURIZADA

No obstante, además de estos elementos, la leche contiene también microorganismos peligrosos para nuestra salud, por lo que debe ser tratada antes de ponerse a la venta. La leche pasteurizada, es decir, sometida a una temperatura de entre 60 y 80 °C , es segura y puede ser conservada más tiempo.

¿CÓMO SE HACE EL QUESO?

Para hacer queso bastan tres ingredientes: leche, cuajo y sal. Sin embargo, existen hoy en el mundo más de dos mil clases de queso, diferentes en forma, color y sabor. Entre ellos hay centenares de quesos de oveja, que varían en función del tipo de elaboración: es suficiente con modificar algún paso para obtener un resultando completamente distinto.

ORDEÑO

La leche se obtiene de las ovejas mediante el ordeño. En las granjas pequeñas se hace todavía a mano, mientras que en las grandes se usan ordeñadoras mecánicas.

CUAJADO

La leche filtrada se debe espesar a entre 33 y 37 °C con el añadido del cuajo, una sustancia que hace que las grasas y proteínas se coagulen en forma de cuajada y se separen así de la parte acuosa, llamada *suero*.

CORTE DE LA CUAJADA

Cuando ha llegado al punto justo de densidad, la cuajada se desmenuza en muchos gránulos, cuyo tamaño determina la consistencia del queso. Calentando de nuevo la cuajada, se obtienen otros tipos de quesos.

ENMOLDADO

La cuajada se deposita en los moldes adecuados, llamados *queseras*, y se prensa para extraer el suero del todo.

SALADO

El salado se puede realizar, bien añadiendo la sal directamente en la cuajada, bien sumergiendo esta en salmuera, o bien poniendo sal en la superficie del queso (salado en seco).

CURADO

El curado, es decir, el período en que se deja reposar el queso, va desde los pocos días para los quesos frescos hasta varios años para aquellos de corteza dura.

POLIFEMO

La historia del queso de oveja es tan antigua que sus orígenes se pierden en el mito: en la *Odisea* se cuenta que cuando Ulises entró en la gruta de Polifemo encontró algunos moldes de queso de oveja e incluso los diversos utensilios del oficio de quesero, es decir, de aquel que elabora queso.

EXTRACCIÓN DE LA CUAJADA

Tras el corte, se separa la cuajada del suero, que se calienta una segunda vez a aproximadamente 80 °C para hacer el requesón.

¡A LA MESA!

El queso de oveja se puede degustar de muchas maneras y es el protagonista de recetas sabrosísimas por todo el mundo.

QUESOLOGÍA

Para hacer queso se puede emplear leche de vaca, de cabra, de búfala, incluso de yegua, de llama o de yak. ¿Has probado alguna vez el queso de oveja? Hay muchísimas clases, pero su sabor fuerte, casi silvestre, es inconfundible en todas sus versiones.

1. MANCHEGO

Este queso de alta calidad se produce exclusivamente con leche de ovejas criadas en la comunidad de Castilla-La Mancha, en el corazón de España.

2. *PECORINO* ROMANO

El *pecorino* que comemos hoy, con sus dos mil años de historia a cuestas, no es muy diferente del que gustaba a los antiguos romanos.

3. *HALLOUMI*

Llevado a Chipre por los árabes, el *halloumi* conquistó las cocinas griega y turca y se ha convertido en uno de los más difundidos del mundo.

4. *FETA*

Seguramente en su caverna Polifemo preparaba *feta*, uno de los primeros quesos de la historia, y uno de los más apreciados y famosos del mundo aún en la actualidad. ¡No por casualidad es el queso nacional de Grecia!

5. *SHANKLISH*

Elaborado entre el Líbano y Siria, este queso de sabor intenso era consumido tradicionalmente por los pastores libaneses en el desayuno.

6. ROQUEFORT

¿Qué ingrediente hace tan delicioso el «queso de los reyes y los papas», como lo llaman en Francia? Increíble pero cierto: ¡el moho!

7. *TUSHURIGUDA*

La *guda* es un saco de piel de oveja al que se le da la vuelta para almacenar y hacer madurar el queso al que da nombre: una antiquísima tradición georgiana que presume de seis mil años de historia.

8. *OSCYPEK*

Bonitos además de sabrosos, estos quesos ahumados polacos son curados en moldes de madera de plátano que antaño eran decorados por los pastores.

9. *QAREHQURUT*

Parecen caramelos, pero en realidad se trata de un queso deshidratado que se usa en muchas recetas de la cocina iraní.

EL QUESO DE OVEJA EN LAS COCINAS DEL MUNDO

Muy probablemente el de oveja fue el primer queso producido por el ser humano. No se sabe si nació en Europa, Asia central o Próximo Oriente: en estas zonas se utiliza en muchísimas recetas. Por el contrario, es poco común en las tradiciones del continente americano y de Asia oriental, adonde llegó hace «solo» unos cuantos siglos.

CUAJADA

ESPAÑA

SÁNDWICH DE QUESO A LA PLANCHA

ESTADOS UNIDOS

ESPAGUETIS CACIO E PEPE

ITALIA

GRECIA

CHIPRE

PALESTINA

ENSALADA GRIEGA

HALLOUMI FRITO

KNAFEH NABULSIEH

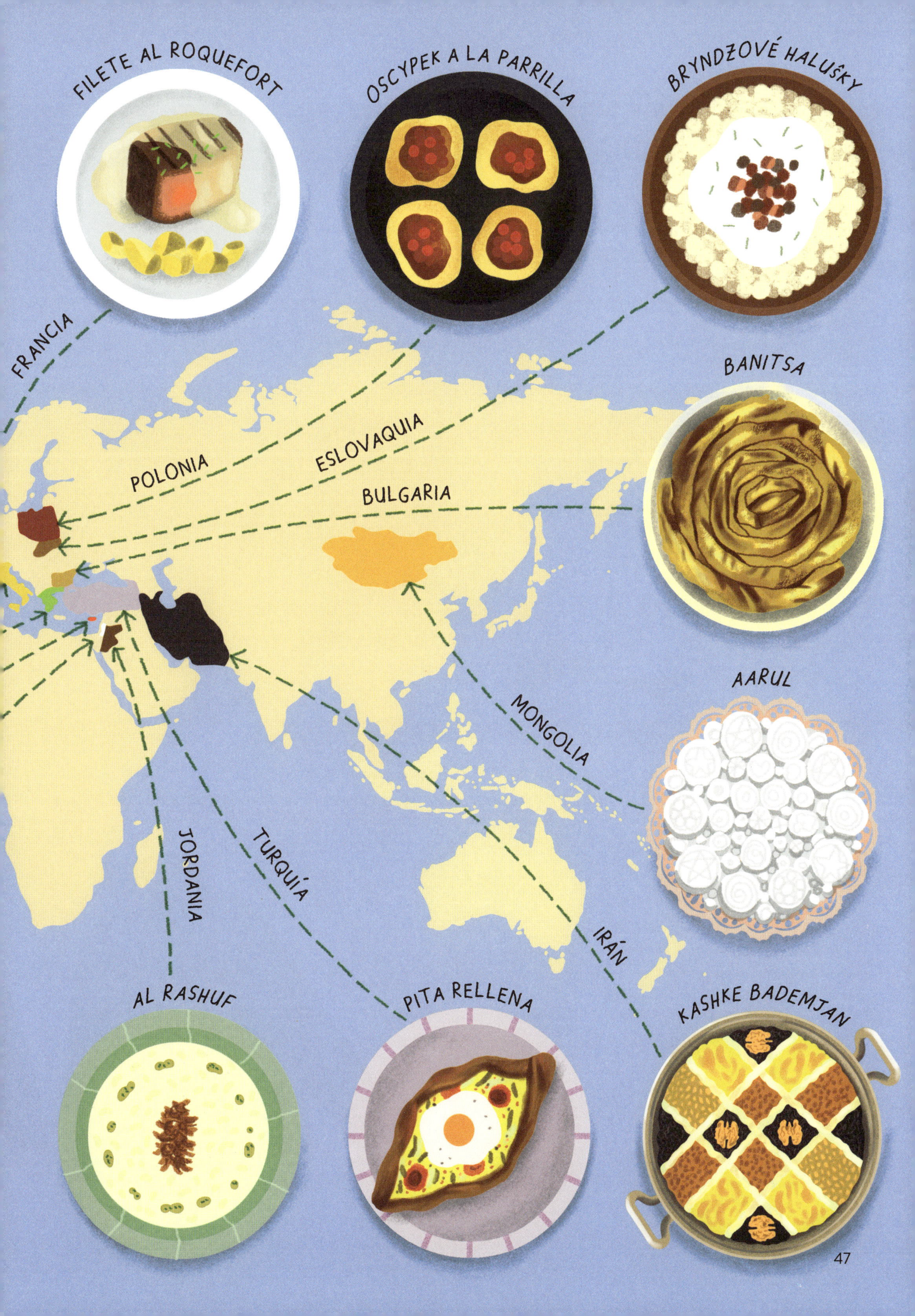
FILETE AL ROQUEFORT
OSCYPEK A LA PARRILLA
BRYNDZOVÉ HALUŠKY
FRANCIA
BANITSA
POLONIA
ESLOVAQUIA
BULGARIA
AARUL
MONGOLIA
JORDANIA
TURQUÍA
IRÁN
AL RASHUF
PITA RELLENA
KASHKE BADEMJAN

EL PELO VISTO DE CERCA

Las ovejas nunca se equivocan de *look*: su pelo puede ser de distintos colores, del blanco al marrón o al negro, o del rojizo al gris, y es perfecto para todas las estaciones, puesto que la lana protege a las ovejas tanto del calor como el frío. Este es solo uno de los muchos superpoderes de esta preciosa fibra.

LA LANA EN EL MICROSCOPIO

Las fibras de la lana están hechas de queratina, como nuestros cabellos, y carecen de médula. Pueden medir desde 4 hasta unos 35 centímetros, pero son muy finas: su diámetro está entre las 16 y las 40 micras, ¡y una micra es la millonésima parte de un metro!

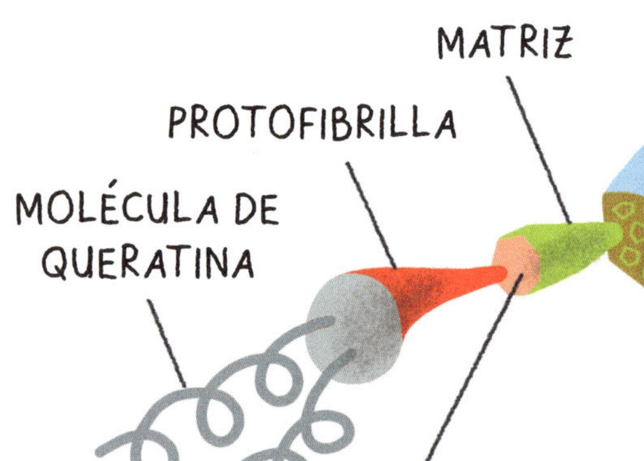

LA LANOLINA

Producida por las glándulas sebáceas de las ovejas, la lanolina es una cera grasosa que recubre el pelo y lo protege de los agentes atmosféricos. Cuando la lana se lava con agua caliente, la lanolina se desprende y es recogida, y todavía hoy se utiliza de muchas maneras: como base para cremas y medicinas, como antioxidante, lubricante o betún para zapatos. ¡Incluso sirve para dar suavidad al papel higiénico!

LA LANA ES HIDRORREPELENTE

Vista al microscopio, la lana se parece un poco a una piña: está recubierta de minúsculas escamas que protegen del agua la fibra interna.

ES FÁCIL DE TEÑIR

Porque absorbe fácilmente el color.

ES ROBUSTA Y ELÁSTICA

ES IGNÍFUGA

¿Sabías que los bomberos usan ropa interior de lana? Esto es porque, gracias a su especial composición, la lana arde solo a altísimas temperaturas, ¡entre 570 y 600 °C !

ES AISLANTE

El aire retenido por las fibras crea una barrera térmica: ¡la lana te mantiene caliente cuando hace frío y fresco cuando hace calor! Pero también crea una barrera acústica y por ello se usa para el aislamiento de casas.

LA GABARDINA

A mediados del siglo XIX Thomas Burberry descubrió una increíble propiedad de la lanolina: su capacidad para volver impermeables los tejidos sobre los que se aplica. De este modo Burberry inventó y patentó un tejido de algodón llamado *gabardina*, utilizado para las clásicas y elegantes prendas del mismo nombre, pero también para impermeabilizar los uniformes militares e incluso la ropa de los exploradores en las expediciones al Polo Sur.

AL HILO DE LA LANA

Algunos animales se protegen del frío con sus pelajes, otros están cubiertos de plumas o de escamas. El ser humano no posee ninguna de estas protecciones, pero para compensarlo ha aprendido a realizar por sí mismo ropa para cubrirse: primero con fibras vegetales, después con lana. La elaboración ha cambiado con el paso de los milenios, pero los jerséis y los guantes que vestimos se producen aún hoy siguiendo los mismos procedimientos antiguos.

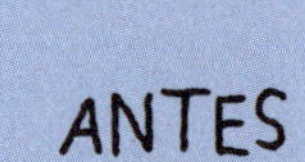

LAVADO

Tras hacer un cribado de los distintos tipos de lana presentes en el pelo, se procede al lavado: en esta fase la lana suelta en el agua la lanolina, que es recogida.

CARDADO

Para desenredar los copos de lana, hay que cardarlos con cepillos de púas de alambre. Antiguamente se usaban los cardos, unas plantas espinosas de las que probablemente tomó su nombre esta operación.

PEINADO

Para obtener un producto de mejor calidad, la lana cardada puede ser sometida a un paso posterior, el peinado, que vuelve el hilado aún más terso y suave, alineando las fibras y eliminando las más cortas.

LA ESQUILA

El corte de la lana se lleva a cabo en primavera y a veces también en otoño. Según la raza, la genética o la alimentación, una oveja puede producir cada año entre 1,5 y 15 kilos aproximadamente de lana sucia, la lana todavía sin lavar ni peinar. Mientras que antaño la esquila se hacía a mano con tijeras especiales, las cizallas, hoy los pastores prefieren la esquiladora eléctrica, que es un poco como la afeitadora que usan los peluqueros. ¡Con esta técnica un pastor neozelandés consiguió un récord Guinness esquilando sus buenas 495 ovejas en ocho horas!

HILATURA

Con la hilatura se produce una auténtica magia: las fibras de lana se retuercen, es decir, se enrollan entre sí, y se transforman en un hilo largo y resistente. Para hacerlo, antiguamente se usaban rueca y huso; hoy existen máquinas específicas.

TEÑIDO

Las madejas obtenidas de la hilatura se sumergen después en un baño de color. Para teñir la lana, se pueden usar tintes naturales derivados de flores y plantas, como hacían nuestros antepasados, o también colorantes químicos.

ELABORACIÓN

Una vez que el ovillo está listo, puede ser usado de muchísimas maneras. ¿Has intentado hacer alguna vez una bufanda de lana? Para empezar, bastan unas agujas de tejer o un ganchillo, una idea y un poquito de paciencia. ¡Manos a la obra!

CÓMO SE TRABAJA LA LANA: EL FIELTRO

¿Quién descubriría que basta con mojar y prensar la lana para obtener el fieltro? Los orígenes de esta sencilla técnica se pierden en la noche de los tiempos, porque seguramente fue la primera elaboración de la lana. Para una versión casera, puedes usar un jersey viejo en lugar de lana cardada.

Coge un suéter de lana que ya no uses, preferiblemente ya apelmazado, y córtalo en varios trozos.

Ve sumergiendo los trozos del suéter en agua muy caliente y añade un poco de jabón líquido cada tanto.

Restriega los trozos sobre una superficie plana durante aproximadamente un minuto y después enjuágalos con agua fría.

Una vez seco, corta el fieltro con unas tijeras en cuadrados de igual tamaño y en otras formas, a tu elección.

Cose juntos los diversos cuadrados. Si tienes varios colores, combínalos como prefieras hasta obtener un rectángulo.

Decora los cuadrados con las otras formas geométricas: ¡tu primera creación de fieltro está lista!

UN IMPERIO DE FIELTRO

En el siglo XIII Gengis Kan dirigía su vasto imperio desde una yurta. Esta tienda de fieltro utilizada por el pueblo nómada de los mongoles resultaba perfecta en las acciones de guerra, pues era fácil de trasladar, caliente, impermeable y resistente. Hoy se estima que en todo el mundo uno de cada doscientos hombres desciende del propio Gengis Kan en persona, ¡y también esto es gracias a las yurtas!

CÓMO SE TRABAJA LA LANA: EL PUNTO DE AGUJAS

Para trabajar la lana bastan un ovillo y dos agujas. Es una técnica sencilla que a menudo incluso se enseña en el colegio, pues ayuda a mantener la concentración, a aprender un poco de matemáticas de manera concreta, y al mismo tiempo estimula la creatividad y la autonomía. Se empieza fijando los puntos en una de las agujas y se sigue entretejiendo el hilo con la otra.

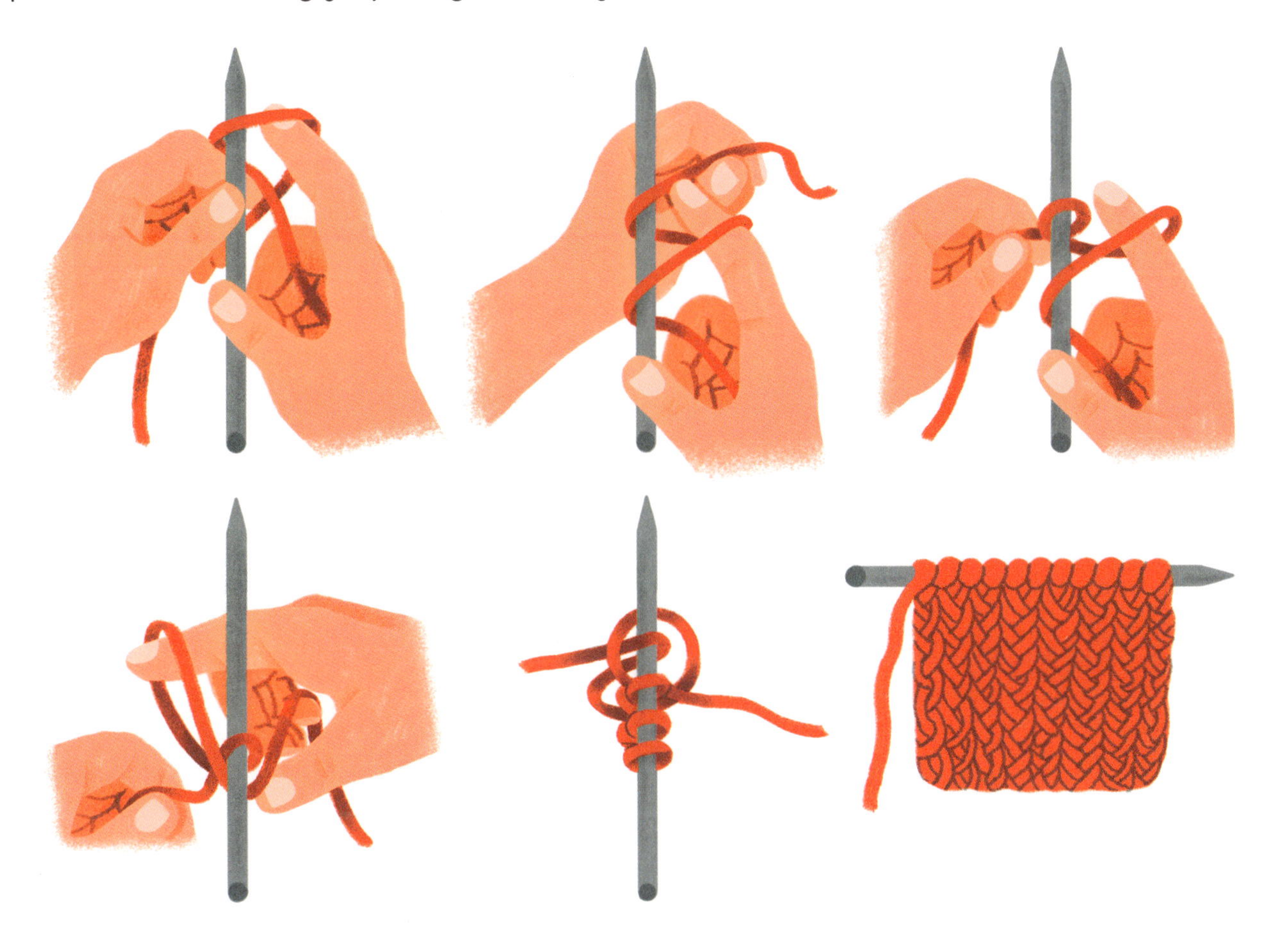

UN *HOBBY* DE MODA

Hacer punto está de moda también en nuestros días: es una actividad relajante que da muchas satisfacciones y que se puede realizar en cualquier parte. En los últimos años han surgido auténticos clubs de apasionados que organizan encuentros para tejer en compañía y llevar a cabo proyectos colectivos, y las labores de media o el ganchillo han vuelto a conquistar las pasarelas de las firmas de alta costura más importantes.

CÓMO SE TRABAJA LA LANA: EL TELAR

El procedimiento más común es la tejeduría, en la cual los hilos horizontales de la trama se entrelazan con los verticales de la urdimbre. El telar sostiene la urdimbre de manera que las manos, libres, puedan trabajar la trama.

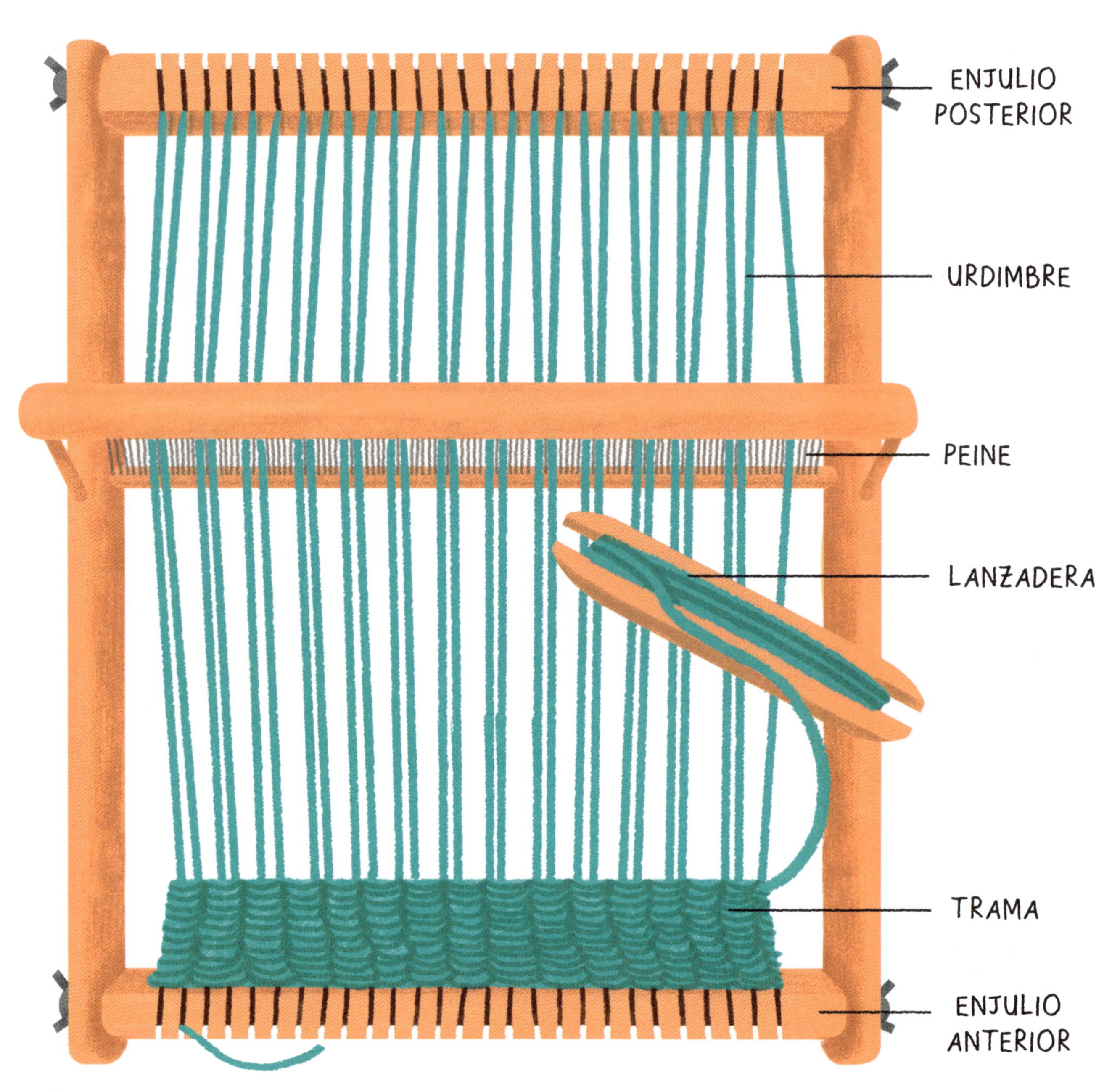

CÓMO FUNCIONA UN TELAR

La urdimbre se tensa entre dos cilindros, llamados *enjulios*, y permite pasar los hilos a través del peine. Con este se levantan algunos hilos y se bajan otros, creando una abertura para introducir la lanzadera con el hilo de la trama perpendicularmente a la urdimbre. Cuando la lanzadera llega al extremo de su recorrido, se dejan caer los hilos levantados y se alzan los otros. En ese momento, tras haber sacudido el nuevo hilo de trama para alinearlo con los precedentes, se hace pasar la lanzadera en el sentido opuesto, y así sucesivamente.

EL TELAR HORIZONTAL

El método más rápido para la tejeduría es el del telar con peine, usado ya por los egipcios hace más de cuatro mil años y utilizado aún hoy a escala industrial. También los modelos de mesa más simples, como el de la página anterior, siguen el mismo principio.

EL TELAR VERTICAL

El telar vertical, en el que los hilos de la urdimbre se cuelgan de una barra horizontal y se mantienen en tensión gracias a pesos atados en su extremo, era utilizado en todo el mundo, desde la antigua Grecia hasta los indios navajos.

EL TELAR DE CINTURA

En el telar de cintura la urdimbre se fija por un lado a un árbol u otro punto fijo, mientras que por el otro lado se mantiene en tensión con el peso del propio tejedor. También este ingenioso método estaba (y en algunas zonas aún lo está) muy difundido, desde el Perú precolombino y otras zonas de América Central y del Sur hasta Asia.

OVEJAS AL PODER

UN RECURSO PRECIOSO

En muchas zonas del planeta y en diversos períodos históricos, poseer ovejas significaba ser rico. En la antigua Roma, el nombre de la diosa Pecunia, divinidad de la riqueza, derivaba directamente de *pecus*, «ganado»: de hecho, antes de la invención de la moneda se usaban ovejas, gallinas y otros animales para hacer los pagos. La oveja era valiosa también por la lana, que ya se trabajaba en la Edad del Hierro y con la que se tejían las togas de los romanos.

¡LA OVEJA O LA VIDA!

Durante la Edad Media la lana generó una auténtica industria y dio vida a uno de los primeros comercios internacionales importantes. En Inglaterra la mitad de la riqueza del país dependía de la lana: tanto que, cuando el rey Ricardo Corazón de León fue hecho rehén por el duque Leopoldo de Austria en 1192, parte del costosísimo rescate se pagó gracias a la lana. En la práctica, se estima que fueron más de diez millones de ovejas las que lo pagaron de su bolsillo.

OVEJAS DE NEGOCIOS

En el siglo XV, los tejedores de Flandes y de Florencia importaban la preciada lana cruda inglesa para producir los tejidos más refinados de Europa. Justamente gracias a este floreciente intercambio nacieron los primeros bancos de crédito, entre ellos el de los Médicis, los más célebres mecenas del Renacimiento. ¡Sin las ovejas y su lana, quizá hoy no podríamos admirar las obras maestras de Miguel Ángel o Leonardo!

LA REVOLUCIÓN INDUSTRIAL

También la producción de lana se vio transformada por las innovaciones tecnológicas: a partir del siglo XIX la elaboración a mano fue sustituida por la mecánica, y a mediados del siglo XX la introducción de fibras sintéticas, más económicas y fáciles de lavar, provocó una crisis del mercado de la lana.

UN HILO QUE VIENE DE LEJOS

La historia de la humanidad y la de la lana están entretejidas, y nunca mejor dicho: la hilatura y la tejeduría tienen un fuerte significado simbólico y son celebradas en numerosas leyendas de todo el mundo; tanto es así que a menudo se las considera actividades mágicas responsables del origen del cosmos y transmitidas al ser humano por las divinidades.

EL VELLOCINO DE ORO

Para recuperar su reino, usurpado por su tío Pelias, Jasón tendría que llevarle el famoso vellocino de oro, custodiado por un feroz dragón en la lejana Cólquida. Tras un viaje largo y lleno de penalidades, Jasón triunfó en su empresa y llevó a Grecia no solo el vellocino, sino también a Medea, hija del rey de la Cólquida. Se dice que en la base del mito podría estar la costumbre de los pastores georgianos (la Cólquida era parte de Georgia) de utilizar vellón para cribar el oro en los ríos de la región.

LA ABUELA-ARAÑA

Para los hopis, un pueblo indígena del suroeste de los Estados Unidos, la tejeduría está en el origen del mundo: según el mito, en el principio de los tiempos una abuela-araña tejió una red fuerte y segura para que la humanidad pudiese vivir resguardada del caos y la destrucción. Otras leyendas cuentan que fue la propia abuela-araña quien enseñó a los humanos el secreto de la hilatura y la tejeduría.

LA VIDA PENDIENTE DE UN HILO

El hilado y tejido de la lana ha sido durante milenios cosa de mujeres. En la mitología griega, las tres moiras decidían el destino de los seres humanos asignando a cada uno de ellos un hilo: Cloto hilaba la vida, Láquesis determinaba su longitud y Átropos cortaba el hilo. También en la mitología nórdica eran tres mujeres, las nornas, quienes hilaban el destino de la humanidad.

MANOS DE HADA

En el folklore europeo toda hada digna de tal nombre sabe hilar la lana. En Rusia la Domovika, un hada del hogar que vive bajo el suelo, salía a hilar por la noche, mientras que en Alemania al espíritu del invierno, Berchta, se le había quedado un pie plano a base de usar la rueca a pedales. En Irlanda el hada Girle Guairle y en Gales Gwarwyn-a-throt hilaban y tejían ropa para los necesitados.

¿QUIÉN HA DICHO OVEJA?

A quien se hace oveja, el lobo se lo come, ya se sabe. En toda familia hay siempre una oveja negra y, por otra parte, ¿quién no ha contado alguna vez ovejas para dormirse? Nuestra lengua es rica en refranes, expresiones e incluso supersticiones relacionadas con la oveja, pero ¿de dónde salen?

HE PERDIDO LA CUENTA

Las ovejas han sido siempre tan valiosas para la humanidad que contarlas era el primer pensamiento de todo pastor al despertarse y el último antes de dormirse. En Inglaterra, Escocia y Gales, algunos pastores utilizan para contarlas aún hoy un antiquísimo sistema numérico llamado *yan-tan-tethera*. Su único defecto es que llega solo hasta el veinte, y después hay que volver a empezar desde el principio. ¡Un buen problema cuando los rebaños son numerosos!

LA OVEJA NEGRA DE LA FAMILIA

Con el paso del tiempo el ser humano ha ido seleccionando las razas para favorecer las de lana blanca, más fácil de teñir.
Sin embargo, aun así puede suceder que de una oveja blanca nazca una negra. Este fenómeno ha dado origen a muchas creencias y supersticiones: «la oveja negra de la familia», por ejemplo, es una expresión casi universal que se usa para señalar a quien desentona dentro de una familia o de un grupo.

BAJO EL SIGNO DE LA OVEJA

Paradójicamente, en China, donde se encuentra el mayor número de ovejas, no existe ninguna expresión sobre ellas. Como contrapartida, entre los signos del zodíaco chino está también el carnero: las personas nacidas bajo este signo gustan de la paz, son amables y pacientes, pero también tímidas y propensas a quejarse. Prácticamente lo opuesto a su equivalente del horóscopo occidental, capricornio, que es testarudo, impulsivo y con una gran fuerza de voluntad.

CONTAR OVEJAS

Una vieja historia cuenta que el condotiero Ezzelino da Romano, llamado el Terrible, sufría de insomnio y había contratado a un juglar para que le entretuviese durante las noches en blanco. Este, sin embargo, deseaba dormir, así que una noche le contó la historia de un pastor que debía hacer que su rebaño cruzara un río. El barquero transportó a la primera oveja y volvió para cargar otra, y así sucesivamente. Entonces el narrador se calló y, ante las protestas de Ezzelino, que le exhortaba a continuar, respondió: «Señor, ¡primero tenemos que dejar pasar a todas las ovejas!». Según el relato, recibió permiso para dormir.

PEQUEÑO MANUAL DE CRÍA

Uno puede tomar la decisión de criar un pequeño rebaño tanto por pasión como para el consumo doméstico de leche, queso o lana. Es una afición que puede dar muchas satisfacciones, pero exige también responsabilidad y constancia. Por eso, antes de adquirir los animales, es aconsejable pasar tiempo en una granja con ovejas para coger confianza con ellas y ver si son el animal idóneo para nosotros (¡y viceversa!).

Las ovejas son animales sociales, por lo que un pequeño rebaño debería contar, por lo menos, con cuatro o cinco reses y, sobre todo, disponer de un terreno adecuado para el pasto.

Una ventaja de criar ovejas es que reemplazan el cortacésped, al nivelar a la perfección prados y pasturas, al tiempo que lo abonan con sus excrementos. Además, pueden mantener limpio el sotobosque, lo que disminuye el riesgo de incendios.

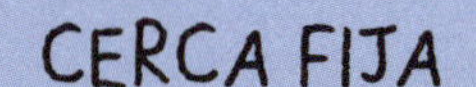

CERCA FIJA

El pasto alrededor del redil tiene que estar cercado para evitar que el rebaño se disperse.

CERCAS MÓVILES

Para permitir la regeneración de la hierba, es necesario rotar los pastos: se debe subdividir el terreno en zonas más pequeñas para que las ovejas pasten en una sección cada vez.

EL PASTO

El área dedicada al pasto debe ser lo suficientemente grande para garantizar a los animales una alimentación adecuada. También debería haber árboles, de manera que en verano haya zonas de sombra.

HOGAR, DULCE HOGAR: EL REDIL

Las ovejas no son exigentes en materia de establos. Les basta con un espacio seco, limpio y resguardado en donde puedan moverse cómodamente: lo ideal es que tengan unos dos metros cuadrados por cabeza. Si tienen a su disposición un pasto, las ovejas se refugian en el redil lo menos posible, solo durante las inclemencias del tiempo o cuando tienen que parir.

COMEDERO
Aquí las ovejas pueden encontrar pienso o cereales.
ABREVADERO
MAMA FARM
Cuidar a las ovejas significa protegerlas de los predadores, pero también auxiliarlas cuando necesitan algún tratamiento sencillo o recurrir a un veterinario de confianza en caso necesario.

OVEJAS DE TODO TIPO

¿Qué ovejas escoger para empezar a criar? ¿Una minioveja de Ouessant o una merina mullidita? ¿Una racka de largos cuernos o una wensleydale rizada? ¿Con las orejas hacia arriba a lo conejo como la border leicester o flácidas como la bergamasca? Entre las más de mil razas e híbridos que se estima que hay en el mundo, ¡es difícil decidirse!

UN REBAÑO INTERNACIONAL

Casi todas las razas más comunes hoy provienen de Inglaterra, desde donde salieron acompañando a los colonos hacia América y el Pacífico. Por medio de los cruces realizados por el ser humano y de los procesos de adaptación a los distintos hábitats, con el paso del tiempo las diferentes razas de ovejas han logrado habituarse a todo tipo de climas, desde el calor tórrido del desierto a las temperaturas extremas de los altiplanos, lo que ha hecho que desarrollen en cada caso características diferentes.

MEJOR SOLAS QUE MAL ACOMPAÑADAS

Por el contrario, otras razas de oveja que han permanecido a sus anchas en islas lejanas o en remotos valles alpinos no se han cruzado con otras ovejas y siguen siendo idénticas a sus antepasadas. Por ejemplo, las ovejas soay son las descendientes directas del primer rebaño llegado al archipiélago de San Kilda ¡hace miles de años!

NORTH RONALDSAY

Origen	Islas Orcadas, Escocia
Pelo	Muy espeso, blanco y negro, gris o castaño
Tamaño	Muy pequeño
Peso	Carneros, 35 kg; ovejas, 25 kg

Rasgos distintivos: si vas a North Ronaldsay, no verás a estas ovejas pastar en los prados. Prefieren la playa, donde viven en libertad saboreando las algas, que las vuelven locas. Una dieta única que les ha permitido sobrevivir en un hábitat extremo, al ritmo de las mareas: duermen cuando el agua sube y pastan en la orilla cuando el mar se retira.

Curiosidades: su ADN, que puede datar de hace ocho mil años, la convierte probablemente en la raza ovina más antigua del norte de Europa y una de las más antiguas del mundo.

ROJA MASÁI

Origen	Kenia, Tanzania y Uganda
Pelo	Rojo
Tamaño	Grande, pero rechoncha
Peso	Carneros, 45 kg; ovejas, 35 kg

Rasgos distintivos: esta oveja, criada en libertad por los pastores masáis de las regiones áridas del Gran Valle del Rift, es capaz de sobrevivir a largos períodos de sequía. En lugar de lana, tiene una tupida pelusa roja.

Curiosidades: para los masáis el ganado es muy importante. La leyenda cuenta incluso que el dios creador Enkai se lo confió al pueblo bajándolo con una cuerda desde el paraíso. Y fue justamente la oveja roja el primer animal en ser criado por la comunidad.

OVEJA DE LA SCHNALSTAL

Origen	Italia
Pelo	Sobre todo blanco
Tamaño	Medio
Peso	Carneros, 107 kg; ovejas, 72 kg

Rasgos distintivos: la oveja de la Schnalstal vive a gran altura en los Alpes desde hace miles de años y aún hoy se la cría exclusivamente con pasto.

Curiosidades: dos veces al año estas ovejas son transportadas desde Schnalstal, en Italia, hasta el valle de Ötzal, en Austria, en una de las poquísimas trashumancias que atraviesan una frontera nacional. Es un trayecto difícil de unos 44 kilómetros, con un desnivel de 3000 metros de subida y 1800 metros de bajada, cuyo colofón es una gran fiesta tras el regreso a Italia en otoño.

NARIZ NEGRA DE VALAIS

Origen	Suiza
Pelo	Blanco y negro
Tamaño	Medio
Peso	Carneros, 80 kg; ovejas, 70 kg

Rasgos distintivos: esta raza, muy antigua, vive en los valles suizos, en donde se mueve con agilidad, incluso en las laderas más escarpadas y empinadas.

Curiosidades: es una oveja *influencer*; está considerada por muchos la oveja más hermosa del mundo y por ello es, sin duda, la más popular en las redes sociales, además de ser celebrada por la prensa internacional. No en vano tiene millones de seguidores en las redes: además de ser bonita, parece que es muy sociable y simpática.

MERINA

Origen	España
Pelo	Blanco
Tamaño	Medio
Peso	Carneros, 80-120 kg; ovejas 55-80 kg

Rasgos distintivos: la lana de las merinas es muy fina, la mejor para producir tejidos. Llegada a España tal vez con los musulmanes, esta oveja ha conquistado todo el mundo. La variedad australiana es la que ha conocido un mayor éxito, tanto por el número de reses como por la cantidad y calidad de la lana.

Curiosidades: Italia y Flandes podían adquirir esta preciada lana exclusivamente a través de la nobleza y el clero españoles. La exportación de las ovejas estaba prohibida ¡y se castigaba hasta con la pena de muerte!

AWASSI

Origen	Próximo Oriente
Pelo	Blanco
Tamaño	Grande
Peso	Carneros, 90-120 kg; ovejas, 65-80 kg

Rasgos distintivos: una de las ovejas más resistentes del mundo, la awassi sobrevive a los climas más áridos gracias a la reserva de grasa que acumula en la cola y las ancas. La lana la protege del calor, aislándola de la temperatura externa, y cuando el sol es demasiado fuerte esconden la cabeza en la sombra, bajo el vientre de las demás ovejas.

Curiosidades: esta raza es idónea tanto para la vida sedentaria como para la nómada. Son grandes andarinas: recorren de media entre 6 y 8 kilómetros, pero para encontrar comida y agua pueden marcarse hasta 35 kilómetros en solo 24 horas.

SHROPSHIRE

Origen	Gran Bretaña
Pelo	Blanco
Tamaño	Media
Peso	Carneros, 100-110 kg; ovejas, 70-80 kg

Rasgos distintivos: a las shropshires se las deja a menudo pastar por bosques, viñedos y huertos, pues mantienen limpio el sotobosque y al mismo tiempo abonan las plantas.

Curiosidades: un rebaño de shropshires tuvo el honor de pastar en el prado de la Casa Blanca. Durante la Primera Guerra Mundial las ovejas no solo se encargaban de cortar gratis la hierba del prado del presidente Woodrow Wilson, sino que con la subasta de su lana se consiguió reunir 53 828 dólares para apoyar a la Cruz Roja. ¡Una oveja realmente patriótica!

ISLANDESA

Origen	Islandia
Pelo	De varios colores, blanco, castaño o negro.
Tamaño	Medio
Peso	Carneros, 65-70 kg; ovejas, 50-55 kg

Rasgos distintivos: estas ovejas, llevadas a Islandia por colonos hace 1100 años, hoy son allí más numerosas que los seres humanos (aproximadamente 400 000 frente a 350 000).

Curiosidades: a las ovejas islandesas se las deja pastar libremente por los altiplanos de la isla durante todo el verano. A finales de agosto, los campesinos suben juntos para recuperar todas las ovejas que les salen al paso, no importa de quién sean. Una vez congregadas en un gran recinto, se procede a separarlas, para lo cual cada campesino agarra por los cuernos a sus reses.

AGRADECIMIENTOS

ILARIA – Gracias a Debbie y Camilla por haberme involucrado en esta bellísima serie. Gracias a la familia Rini (en particular a Anna) y a sus ovejas (en particular a Tarzán) por el asesoramiento, a Simone por la ayuda y a Brebis & Co. por la paciencia.

CAMILLA – A Elisa, que de pequeña coleccionaba todas las ovejas que encontraba; a Giulia, mi patrocinadora número uno; a Margherita, que cada año escucha la historia de un animal diferente; a Marta, por todos los archivos que ha tenido que convertir en la última versión; a Irene, que espera pacientemente el libro sobre las ocas; y a mi madre, ¡que ya es una seguidora apasionada de esta colección!